Ländliche Frühlingswelt

Endlich ist es wieder so weit, es ist Frühling!

Der Hase malt die Eier bunt an, die Schäfchen haben sich schick gemacht und die stolzen Hühner passen auf die Eierpracht auf.

In diesem Buch finden Sie niedliche Motive aus Holz. Holen Sie sich Sperrholz, eine Säge und etwas Bastelfarbe – schon kann der Sägespaß beginnen.

Ich wünsche Ihnen viel Freude beim Sägen und Bemalen!

Ihre

Die Motive lassen sich in folgende Schwierigkeitsgrade unterteilen:

◐ ○ ○ einfach   ◐ ○ ○ etwas schwieriger   ◐ ○ ○ anspruchsvoll

MATERIALIEN UND WERKZEUGE

Folgende Materialien werden für fast jedes der im Buch gezeigten Motive benötigt. Die restlichen Materialien sind in der jeweiligen Materialliste aufgeführt.

- Pappelsperrholz in den Stärken 4 mm, 6 mm, 8 mm und 1 cm
- geglühter Bindedraht in den Stärken 0,35 mm, 0,65 mm und 1,4 mm
- Schleifpapier, Körnung 80 und 120
- Pauspapier, Kopierpapier (zum Schneidern)
- Transparentpapier

- Nägel, ø 1,2 mm, 20 mm lang
- Klebefilm
- matte Acryl- oder Bastelfarbe
- Krakelier-Lack
- UHU Alleskleber Kraft
- evtl. Sprühlack
- Laub- oder Dekupiersäge (mit Sägeblättern für Holz)
- Bohrer (Spiralbohrer), ø 1,5 mm, 2 mm, 3 mm und 4 mm

- Bohrmaschine
- evtl. Schraubzwinge
- evtl. Feile
- Bleistift
- breiter Borstenpinsel
- schmaler Pinsel
- dünner Stift in Schwarz (wasserfest)
- Heißklebepistole
- Seitenschneider
- spitze Rundzange
- Hammer

Hinweis:
Der 1,4 mm starke Bindedraht ist unter dem Namen Rödeldraht im Baumarkt (Baustoffhandel) erhältlich!

Hinweis:
Holzstücke, die maximal A5 groß sind, werden als Rest bezeichnet.

So geht es

Einen Bogen Pauspapier und darüber den Vorlagenbogen auf das Sperrholz legen. Beide Bogen mit Klebestreifen fixieren.
Nun mit einem Bleistift die Linien des Motivs mit allen Innenlinien nachziehen. Die Einzelteile, wie z. B. die Arme des Blumenkindes (Seite 9), werden mit etwas Abstand zum Motiv extra aufgezeichnet. Dazu den Vorlagenbogen und ggf. das Pauspapier ablösen und alles etwas versetzt wieder festkleben. Darauf achten, dass die Teile nicht überlappen!

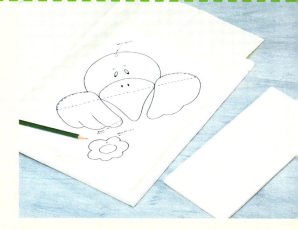

Das Motiv mit einer Laub- oder Dekupiersäge sorgfältig aussägen. In den Ecken am besten auf der Stelle sägen und dabei das Motiv langsam drehen. Das Sägen von Ecken wird leichter, wenn mit einem dünnen Bohrer ein kleines Loch in die Ecken gebohrt wird. Dann das Sägeblatt dort einführen und so die Ecken aussägen. Die Kanten evtl. mit einer Feile und Schleifpapier glätten.

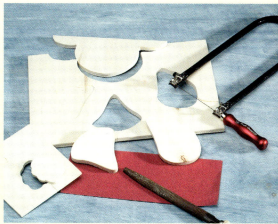

Die Holzteile mit Acrylfarbe oder einer anderen für Holz geeigneten Bastelfarbe bemalen und alles trocknen lassen. Für den zarten, transparenten Anstrich wird die Farbe stark mit Wasser verdünnt. Kräftige Farbakzente werden durch unverdünntes Auftragen der Bastelfarbe erzielt. Nach dem Trocknen die Augen und die Innenlinien mit einem dünnen schwarzen Stift nachziehen. Dann alles mit UHU Alleskleber Kraft oder der Heißklebepistole zusammenkleben und das Motiv ggf. noch mit Accessoires, wie z. B. Drahthaaren oder Stoff, verzieren.

Hinweis: Alle Motive, die im Garten ihren Platz finden sollen, müssen Sie zum Schutz vor Feuchtigkeit mit einem geeignetem Sprühlack einsprühen!

Tricks und Kniffe

▶ Pappelsperrholz ist besonders gut für diese Laubsägearbeiten geeignet.

▶ Statt 1 cm starkem Sperrholz kann auch dünneres Sperrholz verwendet werden.

▶ Darauf achten, dass das Sperrholzstück nicht zu knapp bemessen ist. Ein etwas größeres Stück lässt sich beim Aussägen besser festhalten und ist dadurch sicherer zu handhaben. Die Angaben in diesem Buch sind Mindestangaben. Ein paar Zentimeter mehr machen das Arbeiten leichter.

▶ Um ein Ineinanderlaufen der Farben zu vermeiden, sollte die erste Farbe vollständig trocken sein, bevor die nächste aufgetragen wird.

▶ Falls bei einigen Motiven die Rückseite genauso hübsch wie die Vorderseite aussehen soll, müssen die entsprechenden Teile doppelt ausgesägt und alle Innenlinien spiegelverkehrt auf die Motivrückseite übertragen werden. Dazu das Motiv samt Innenlinien mit einem Bleistift vom Vorlagenbogen auf Transparentpapier abpausen, dieses mit der bemalten Seite nach unten auf die Rückseite des bereits ausgesägten Motivs legen und die aufgemalten Innenlinien nachziehen. So überträgt sich der Grafit der Bleistiftlinien auf das Sperrholz.

▶ Wird beim Bemalen zufällig eine Innenlinie übermalt, ist das nicht schlimm. Einfach das Motiv auf Transparentpapier übertragen, die Linien mit Bleistift auf der Rückseite nachziehen und das Transparentpapier dann auf das Motiv legen. Beim erneuten Nachfahren der Linien überträgt sich der Bleistift-Grafit von der Rückseite des Transparentpapiers auf das Motiv. Nun die Innenlinien mit dem schwarzen Stift nachziehen.

▶ Zum Aufmalen der Augen oder Nasen evtl. eine Kreis- oder Ellipsenschablone verwenden.

▶ Die Augen und einige Nasen erhalten noch einen kleinen weißen Lichtfleck.

▶ Wenn das Motiv alt wirken soll, wird Krakelier-Lack verwendet. Wenn das Motiv damit bestrichen wird, entstehen feine Risse. Dafür als Erstes das ausgesägte und gesäuberte Holzteil mit der gewünschten Grundfarbe grundieren und trocknen lassen. Nun die Teile mit Krakelier-Lack bestreichen. Wenn auch dieser trocken ist, alles mit der gewünschten Farbe bemalen. Die Farben sollten zügig und möglichst in eine Richtung aufgetragen werden. Die kleinen Risse werden relativ schnell sichtbar.

▶ Die Standkanten des Modells so exakt wie möglich arbeiten.

Unebenheiten können das Motiv zum Kippen bringen.

▶ Alternativ zum Aufkleben auf die Bodenfläche kann das Motiv auch von der Unterseite der Bodenfläche festgeschraubt werden. Dazu die Bodenfläche im Bereich der Klebefläche zweimal durchbohren, dementsprechend das Motiv mit einem Bohrer vorbohren und von unten durch die Bodenfläche das Motiv festschrauben.

▶ Es ist manchmal einfacher die schwarzen Innenlinien vor dem Ankleben der Einzelteile zu ergänzen. Später kann es schwieriger werden.

▶ Zum Ankleben einzelner Holzteile die Heißklebepistole oder UHU Alleskleber Kraft verwenden. Beide Klebstoffe trocknen recht schnell. Dadurch lässt sich ein Verrutschen der einzelnen Teile vermeiden.

▶ Hübsche Stoffe für das Ausschmücken der Motive findet man bei Patchwork-Stoffen!

▶ Für schöne Drahtlocken die Drahtenden um einen runden Gegenstand wickeln, z. B. einen Pinselstiel.

Spring
Anleitung Seite 6

Spring

→ heißen Sie den Frühling willkommen!

Herzchen-blumenhalter

→ ein schönes Muttertagsgeschenk

MOTIVGRÖSSE
ca. 23 cm x 34 cm

MATERIAL
- Sperrholzrest, 6 mm stark
- Sperrholz, 1 cm stark, 40 cm x 30 cm
- Bastelfarbe in Weiß, Scharlachrot, Pfirsich, Orange, Schilf, Arktis, Zarttürkis und Flieder
- Bindedraht, ø 0,35 mm
- 2 Nägel, ø 1,2 mm, 20 mm lang
- Stoffstreifen, 1,5 cm x 50 cm
- Bohrer, ø 1,5 mm und 4 mm

VORLAGENBOGEN 1A

1 Den Hahnenkamm, den Schnabel, die Kehlläppchen und das Herz aus dem dünnen, das Huhn, beide Flügel und die Eier aus dem dicken Sperrholz aussägen. Wie abgebildet anmalen, alle Innenlinien ergänzen und die Bohrungen von vorne ausführen.

2 Den Hahnenkamm, den Schnabel, die Kehlläppchen und das Herz ankleben, beide Flügel annageln und die Eier mit Bindedraht unter das Huhn hängen.

3 Ein Stück Stoff dient als Aufhängung.

1 Alle Teile aus dem Sperrholz aussägen, antikblau grundieren, trocknen lassen und mit Krakelier-Lack bestreichen (siehe Seite 4). Nach dem Trocknen wie abgebildet bemalen.

2 Zwei große Löcher für den Aufhängedraht von vorne bohren. Ebenfalls von vorne zwei kleinere Löcher für den Befestigungsdraht bohren. Die restlichen Löcher werden seitlich gebohrt. Ein Stück Baumwollkordel in jede Bohrung der kleinen Herzen stecken, fixieren und den Kleber trocknen lassen.

3 Für die Eimerbefestigung ein u-förmig gebogenes Stück Bindedraht von hinten durch die Bohrlöcher stecken, die Drahtteile um den Eimer wickeln, die Enden verzwirbeln und die Drahtenden locken. Die kleinen Herzchen anbringen und das komplette Herz an den gebogenen Aufhängedraht hängen. Den Stoff an den Aufhängedraht binden.

MOTIV-GRÖSSE
ca. 17 cm x 30 cm (ohne Aufhängung)

MATERIAL
- Sperrholz, 1 cm stark, 30 cm x 22 cm
- Bastelfarbe in Antikblau und Karminrot
- Krakelier-Lack
- Bindedraht, ø 1,4 mm
- Baumwollkordel in Grün, ø ca. 1 mm, 24 cm lang
- Zinkeimer, ø 10 cm, 9,5 cm hoch
- Stoffrest, 3 cm x 30 cm
- Bohrer, ø 2 mm und 3 mm

VORLAGEN-BOGEN 4A

Kleines Blumenkind

→ braucht etwas Zeit

MOTIVGRÖSSE
ca. 26 cm x 41 cm

MATERIAL
- Sperrholzrest, 6 mm stark
- Sperrholz, 1 cm stark, 45 cm x 50 cm
- Bastelfarbe in Schilf, Olivgrün, Hautfarbe, Scharlachrot, Weiß, Taubenblau, Pfirsich und Antikblau
- Edding in Weiß (für die Augen)
- Bindedraht, ø 0,65 mm
- 2 Nägel, ø 1,2 mm, 20 mm lang
- Strohband (evtl. Paketschnur)
- Trockenblumen
- Serviettenkleber
- Stoffreste, 5 cm x 30 cm (Hals); 1,5 cm x 20 cm (Eimer)
- Zinkeimer, ø 10 cm, 9,5 cm hoch
- Pinsel, dünn
- evtl. Schrauben
- Bohrer, ø 1,5 mm

VORLAGENBOGEN 2B

1 Den Kragen, den Blütenstiel und die Schmetterlinge aus dem dünnen, das Blumenkind, beide Arme, die Schuhe, das herzförmige Blatt und die Standfläche aus dem dicken Sperrholz aussägen. Aus der Standfläche eine kreisförmige Fläche für den Zinkeimer aussägen.

2 Alles wie abgebildet bemalen und die Innenlinien ergänzen. Die Schmetterlinge, das Hütchen, die Hände und das Blatt erhalten seitliche Bohrlöcher, die Arme und die Füße bekommen ihre Bohrungen von vorne.

3 Den Kragen und das Blatt mit Trockenblumen verzieren. Dazu den Bereich mit Serviettenkleber bestreichen, vorsichtig die Blüten auflegen und diese noch einmal mit Serviettenkleber fixieren. Den Kopf mit ein paar Strohbandfasern bekleben, danach das Hütchen anbringen, den Kragen fixieren und die Arme annageln.

4 Das lose Blatt auf den Bindedraht fädeln, die Drahtenden durch die seitlichen Bohrungen beider Hände führen und zu Locken drehen. Die Fühler der Schmetterlinge fixieren, danach einen Schmetterling auf ein gelocktes Stück Bindedraht kleben. Die anderen werden auf ein in der Mitte zusammengeknicktes Stück Bindedraht geklebt, welches vorher gelockt wird.

5 Das Blumenkind auf die Standfläche kleben oder schrauben, den einzelnen Schmetterling am Hut fixieren. Bei den Schuhen von hinten u-förmig gebogene Bindedrahtstücke durchstecken, vorne verzwirbeln und die Enden locken. Die Schuhe an die Figur kleben. Ein Stück Stoff um den Hals und ein kleines Stück Stoff um den Eimer binden. Die zwei zusammen angedrahteten Schmetterlinge zum Ausschmücken des Eimers verwenden.

Auf dem Ostertisch

→ so schmeckt das Osterei!

MOTIVGRÖSSE
ca. 19 cm x 13 cm

MATERIAL
- Sperrholzrest, 6 mm stark
- Sperrholz, 1 cm stark, 20 cm x 30 cm
- Bastelfarbe in Schilf, Weiß, Scharlachrot und Orange
- Bindedraht, ø 0,65 mm
- evtl. Schrauben
- Bohrer, ø 1,5 mm

VORLAGEN-BOGEN 3B

Hahn-Eierhalter

1 Den Hahnenkamm, den Schnabel und das Kehllappchen aus dem dünnen, den Hahn, die Flügel, beide Füße und die Bodenfläche aus dem dicken Sperrholz aussägen. Aus der Bodenfläche sechs kreisförmige Flächen für die Eier aussägen.

2 Für das Andrahten der Flügel die Löcher von vorne bohren. Den Hahnenkamm, den Schnabel und das Kehllappchen ankleben. Die Flügel mit dem Bindedraht andrahten, den Hahn auf der Bodenfläche ankleben oder anschrauben und beide Füße ankleben.

MOTIVGRÖSSE
ca. 7 cm x 5 cm

MATERIAL
- Sperrholzrest, 8 mm stark
- Bastelfarbe in Pfirsich, Schilf, Taubenblau und Zartrosa

VORLAGEN-BOGEN 3B

Kleine Ostereier

1 Alle Teile aussägen und laut Abbildung anmalen.

2 Nach dem Trocknen die Eier auf die Bodenfläche kleben.

Hereinspaziert!

→ ein stolzes Begrüßungskomitee

MOTIVGRÖSSE
ca. 37 cm x 43 cm

MATERIAL

- Sperrholzrest, 6 mm stark
- Sperrholz, 1 cm stark, 60 cm x 60 cm
- Bastelfarbe in Weiß, Scharlachrot, Orange, Arktis und Schilf
- Bindedraht, ø 0,65 mm und 0,35 mm
- Reisig
- Perlmuttknopf, ø 2,2 cm
- Stoffreste, 1,5 cm breit, 22 cm lang; 3 cm breit, 30 cm lang und für das Herz
- evtl. Schrauben
- Bohrer, ø 1,5 mm

VORLAGENBOGEN 1B

1 Den Hahnenkamm, den Schnabel, das Kehlläppchen und das Schild aus dem dünnen, das Huhn, den Flügel und die Bodenfläche aus dem dicken Sperrholz aussägen. Wie abgebildet anmalen, die Innenlinien ergänzen und die Bohrungen von vorne vornehmen.

2 Den Hahnenkamm, den Schnabel, das Kehlläppchen und den Flügel ankleben. Das Huhn mit einem Stoffherz und einem Knopf mit Bindedraht verzieren, eine Schleife mit Bindedraht formen und ebenfalls anbringen. Das fertige Huhn auf die Bodenfläche kleben oder schrauben.

3 Das Schild an ein langes Stück dicken Bindedraht drahten und mit einem Stück Stoff verzieren. Den Stoff vorher mit etwas dünnem Bindedraht umwickeln und die Drahtenden locken. Das Schild über den Flügel hängen und die Bodenfläche mit einem Reisigbündel ausschmücken. Das Bündel vorher mit etwas Bindedraht umwickeln.

Tipp: Das Herz können Sie mithilfe des Kopierpapiers auf den Stoff übertragen. Dazu das Kopierpapier auf den Stoff legen, darüber den Vorlagenbogen legen und die Kontur des Herzens mit einem Stift nachziehen.

MOTIVGRÖSSE
ca. 6 cm x 11,5 cm

MATERIAL (für beide Schäfchen)
- Sperrholzrest, 6 mm stark
- Sperrholzrest, 1 cm stark
- Rundholz, ø 4 mm, ca. 4,5 cm lang (pro Schaf)
- 2 Holzräder, ø 4 cm, 1 cm stark, mit einer Bohrung von ø 4 mm
- Bastelfarbe in Elfenbein, Hautfarbe, Schilf, Schwarz, Scharlachrot und Weiß
- Bindedraht, ø 0,35 mm
- Heu
- Stoffrest, 1 cm breit, 16 cm lang (pro Schaf)
- Bohrer, ø 4 mm

VORLAGENBOGEN 2 B

Kleine Schäfchen

→ verbreiten Frühlingslaune

1 Den Haarschopf und die Arme aus dem dünnen, das Schäfchen aus dem dicken Sperrholz aussägen, anmalen und alle Innenlinien ergänzen. Weiß für die Nase, Augen und die Wangen benutzen.

2 Den Haarschopf und die Arme ankleben. Ein Loch für das Rundholzstück seitlich in den Körper bohren, das Rundholz in die Bohrung stecken, fixieren und das andere Ende ins Holzrad stecken und ebenfalls fixieren.

3 Etwas Heu mit Bindedraht umwickeln, die Drahtenden locken und das Bündel ankleben. Ein Stück Stoff um den Hals binden. Das zweite Schäfchen genauso arbeiten.

Ich habe es eilig!

→ ein süßer Käfer als Ostergeschenk

MOTIVGRÖSSE
ca. 9,5 cm x 7 cm
(ohne Fühler)

MATERIAL
- Sperrholzrest, 1 cm stark
- 4 Holzkugeln, ø 25 mm, mit einer Bohrung von ø 6 mm
- Holzkugel, ø 20 mm, mit einer Bohrung von ø 4 mm
- Bastelfarbe in Scharlachrot, Hautfarbe, Schwarz, Weiß, Schilf und Olivgrün
- Edding in Weiß (für die Augen)
- Ringschraube in Messing, 8 mm x 3 mm
- Rundholz, ø 6 mm, ca. 12 cm lang
- Bindedraht, ø 0,65 mm
- Paketschnur, ø 1,7 mm
- Stoffrest, 1,5 cm breit, 15 cm lang
- Bohrer, ø 1,5 mm und 6 mm

VORLAGENBOGEN
2 B

1 Den Marienkäfer aussägen, wie abgebildet bemalen und die Innenlinien ergänzen.

2 Alle Bohrungen ausführen, für die Fühler seitlich, für die Räder von vorne. Vorsichtig bohren! Mit einem dünnen Bohrer beginnen und dann immer einen etwas dickeren Bohrer wählen, sonst könnte das Sperrholz ausbrechen.

3 Aus Bindedraht die Fühler biegen und fixieren. Die Räder aus Holzkugeln mit der vorher halbierten Rundholzstange befestigen und die Ringschraube einschrauben. Eine Paketschnur durch die Öse ziehen, eine Ziehkugel auffädeln und die Paketschnurenden verknoten. Den Stoffstreifen als Schal umbinden.

Ich bin der Gartenschutzengel!

→ etwas aufwändiger

MOTIVGRÖSSE
ca. 26 cm x 35 cm

MATERIAL
- Sperrholz, 6 mm stark, 15 cm x 30 cm
- Sperrholz, 1 cm stark, 35 cm x 30 cm
- Bastelfarbe in Antikblau, Hautfarbe, Weiß, Scharlachrot, Pfirsich, Schilf, Gelbocker und Flieder
- Krakelier-Lack
- Pinsel, dünn
- Bindedraht, ø 0,35 mm und 0,65 mm
- Trockenblumen
- Serviettenkleber
- 2 Nägel, ø 1,2 mm, 20 mm lang
- Strohband (evtl. Paketschnur)
- Zinkgießkanne, ø 5 cm, ca. 10 cm hoch
- Stoffstreifen, 1,5 cm breit, 25 cm lang
- Bohrer, ø 1,5 mm und 2 mm

VORLAGENBOGEN 1A

1 Die Flügel, die Blüten und den Kragen aus dem dünnen, den Engel, beide Arme und die Füße aus dem dicken Sperrholz aussägen.

2 Alle Teile antikblau grundieren und nach dem Trocknen mit Krakelier-Lack (siehe Seite 4) anmalen. Noch einmal trocknen lassen, wie abgebildet bemalen und die Innenlinien ergänzen.

3 Alle Löcher bohren, die Hände und der Kopf erhalten seitliche Bohrungen. Die Arme, der Flügel, das Kleid und die Füße werden von vorne durchbohrt. Den Kragen ankleben, die Arme annageln und die Füße mit dickem Bindedraht andrahten.

4 Durch die beiden inneren Bohrungen des Flügels von vorne ein Stück dicken Bindedraht stecken, von hinten die Enden pro Seite durch die äußere Bohrung fädeln und von vorne die Drahtenden locken. Auf diesem Draht zwei Blüten fixieren und nach dem Trocknen des Klebers beide Flügel von hinten ergänzen.

5 Das Kleid mit Trockenblumen schmücken. Dazu die entsprechenden Stellen mit etwas Serviettenkleber bestreichen, vorsichtig die Blüte auflegen und nochmals mit Serviettenkleber fixieren.

6 Die Zinkgießkanne auf den dicken Bindedraht fädeln, diesen etwas verzwirbeln, die Drahtenden durch die seitlichen Bohrungen der Hände stecken und die Drahtenden locken. Aus dem dicken Bindedraht eine große Öse biegen, die Enden in die Bohrung im Kopf stecken und fixieren.

7 Etwas aufgezwirbeltes Strohband mit etwas dünnem Bindedraht umwickeln und auf den Kopf kleben. Ein Stück Stoff als Schal um den Hals binden.

Schäfchen-blumenkasten

→ auch als Osternest verwendbar

MOTIVGRÖSSE
ca. 34 cm x 25 cm

VORLAGENBOGEN
3 A

MATERIAL
- Sperrholzrest, 6 mm stark
- Sperrholzrest, 8 mm stark
- Sperrholz, 1 cm stark, 50 cm x 50 cm
- Bastelfarbe in Elfenbein, Weiß, Hautfarbe, Schwarz, Scharlachrot und Schilf
- Bindedraht, ø 0,65 mm
- 2 Messingschellen, ø 22 mm
- 8 Holzschrauben, Senkkopf, 3,5 mm x 25 mm
- evtl. Holzleim
- Feile
- Bohrer, ø 1,5 mm, 2 mm und 4 mm

1 Die Ohren und die Nasen aus dem dünnen, den Marienkäfer und seinen Flügelpunkt aus dem mittleren und die Schafe, die Seitenteile, die Bodenplatte und das Vorderteil aus dem dicken Sperrholz aussägen.

2 Alles wie abgebildet bemalen, die Innenlinien ergänzen und die Bohrungen ausführen. Für das Andrahten der Schellen werden die Bohrungen von vorne, für die Käferfühler von der Seite ausgeführt. Die Bohrungen für die Kiste laut Vorlagenbogen durchführen.

3 Die Ohren und Nasen fixieren. Die Schellen andrahten. Dazu von hinten ein u-förmig gebogenes Stück Bindedraht durch die Bohrungen stecken, vorne eine Schelle auffädeln, die Drahtenden verzwirbeln und locken. Die Schäfchenblumenkiste zusammenschrauben und den fertigen Marienkäfer anbringen. Dafür die Fühler aus Bindedraht einkleben und den Flügelpunkt fixieren.

Kleine Bienchen
Anleitung Seite 20

Kleine Bienchen

→ bringen Sie Ihre Wohnung zum Summen!

Malermeister Hase

→ inspiriert beim Bemalen der Ostereier

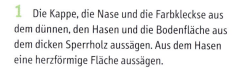

MOTIVGRÖSSE
ca. 4,5 cm x 4 cm

MATERIAL
- Sperrholzrest, 4 mm stark
- Sperrholzrest, 6 mm stark
- Bastelfarbe in Scharlachrot, Weiß, Pfirsich, Elfenbein, Schwarz, Hautfarbe und Olivgrün
- Bindedraht, ø 0,65 mm
- Bohrer, ø 1,5 mm

VORLAGENBOGEN 3A

1 Die Flügel aus dem dünnen, die Biene und die Bodenfläche aus dem dicken Sperrholz aussägen. Alles wie abgebildet anmalen, die Innenlinien ergänzen. Weiß für die Augen verwenden.

2 Für die Fühler ein Stückchen Draht zusammenknicken und die Enden rund biegen.

3 Die Fühler und den Stachel fixieren. Die Flügel ankleben und die Biene auf die Bodenfläche kleben.

1 Die Kappe, die Nase und die Farbkleckse aus dem dünnen, den Hasen und die Bodenfläche aus dem dicken Sperrholz aussägen. Aus dem Hasen eine herzförmige Fläche aussägen.

2 Alles wie abgebildet anmalen, Innenlinien ergänzen. Für die Barthaare die Bohrungen von vorne ausführen.

3 Ein paar Strohbandfasern fixieren, die Kappe und die Nase ankleben. Das Maschendrahtstück von hinten mit der Heißklebepistole anbringen. Den mit dünnem Bindedraht verzierten Knopf am Ohr ankleben. Für die Barthaare u-förmig gebogene Drahtstücke durch die Bohrungen stecken und die Drahtenden vorne rund umbiegen. Eine fertig gebogene Brille ankleben.

4 Mit der Heißklebepistole den mit etwas Farbe versehenen Pinsel auf der Rückseite fixieren. Den fertigen Meister auf die mit Farbklecksen verzierte Bodenfläche kleben oder anschrauben. Ein kleiner Pinsel und zwei Buntstifte verzieren die Bodenfläche. Das Stofftuch um den Hals binden.

MOTIVGRÖSSE
ca. 33 cm x 49 cm

MATERIAL
- Sperrholz, 6 mm stark, 22 cm x 30 cm
- Sperrholz, 1 cm stark, 50 cm x 60 cm
- Bastelfarbe in Milchkaffee, Antikblau, Schwarz, Weiß, Scharlachrot, Pfirsich, Taubenblau, Olivgrün und Schilf
- 2 Pinsel, ca. 22 cm und 18 cm lang
- je ein Buntstift in Rot und Grün
- Edding in Weiß (für die Augen)
- Bindedraht, ø 0,65 mm und 0,35 mm
- Maschendrahtstück in Hellgrün, 7 cm breit, 7 cm lang
- Strohbandfasern (evtl. Paketschnur)
- Perlmuttknopf in Rot, ø 2 cm
- Stoffrest, 30 cm x 19 cm x 19 cm
- evtl. Schrauben
- Bohrer, ø 1,5 mm

VORLAGENBOGEN 2A + 4B

Hier entlang geht es in den

→ zeigt, wo der Hase läuft

Garten!

MOTIVGRÖSSE
ca. 26 cm x 35 cm
(ohne Möhrengrün)

MATERIAL
- Sperrholzrest, 6 mm stark
- Sperrholz, 1 cm stark, 30 cm x 35 cm
- Bastelfarbe in Milchkaffee, Mittelbraun, Scharlachrot, Weiß und Orange
- Bindedraht, ø 0,65 mm und 0,35 mm
- Bast in Grün
- Knopf in Grün, ø 1,8 cm
- Baumwollkordel in Dunkelbraun, ø ca. 1 mm, ca. 18 cm lang
- Eimer und Gießkanne aus Zink, ca. 3 cm hoch
- Bohrer, ø 1,5 mm, 2 mm und 4 mm

VORLAGEN-BOGEN 4 B

1 Die Nase aus dem dünnen, den Hasen mit Möhre, die Vorderpfoten und die Hinterpfoten aus dem dicken Sperrholz aussägen.

2 Alle Teile wie abgebildet bemalen, alle Innenlinien ergänzen und die Löcher bohren. Die Möhre, die Vorderpfote und das Gesicht von vorne durchbohren. Dann die seitlichen Bohrungen in der Möhre im unteren Bereich für die Hinterpfoten und an den Hinterpfoten selbst vornehmen. Auch die Bohrung im Kopf für die Aufhängung wird seitlich ausgeführt.

3 Die Baumwollkordelstücke jeweils in die Bohrung stecken und fixieren. Bast durch die große Bohrung stecken, mit etwas dickem Bindedraht umzwirbeln und die Drahtenden locken. Für die Barthaare jeweils ein Stück dicken Bindedraht zu einem „U" biegen, von hinten durch beide Löcher pro Seite stecken und die Drahtenden umbiegen.

4 Beide Vorderpfoten fixieren, vorher beide Zinkteile auf ein Stück dicken Bindedraht fädeln, ein Drahtende von hinten durch die Bohrung der Vorderpfote stecken und locken.

5 Den mit dünnem Bindedraht verzierten Knopf ankleben, die Beine einkleben und den Aufhängedraht fixieren.

23

Ich schmücke den Türrahmen!

→ eine schöne Geschenkidee

MOTIVGRÖSSE
ca. 28 cm x 25 cm

MATERIAL
- Sperrholzrest, 6 mm stark
- Sperrholz, 1 cm stark, 30 cm x 35 cm
- Bastelfarbe in Taubenblau, Weiß, Scharlachrot, Pfirsich und Schilf
- Bindedraht, ø 0,65 mm und 0,35 mm
- Stoffstreifen, 1,5 cm x 30 cm
- Bohrer, ø 1,5 mm

VORLAGEN-BOGEN 4A

1 Die Nase, das Gehäuse und die Herzen aus dem dünnen, den Rest aus dem dicken Sperrholz aussägen. Alles wie abgebildet bemalen und die Innenlinien ergänzen. Nach dem Trocknen bekommen die Herzen von vorne und der Kopf und die Blüte seitlich ihre Bohrlöcher.

2 Das Gehäuse und die Nase fixieren, die Herzen mit dünnem Bindedraht verzieren und ankleben. Dazu ein Stück dünnen Bindedraht von hinten durch beide Löcher stecken, vorne verzwirbeln und die Enden locken. Die Fühler und die Staubblätter der Tulpe aus dem dicken Draht formen und einkleben.

3 Ein Stück Stoff, der als Schal um den Hals gebunden wird, vervollständigt das Motiv.

Schäfchen mit Baumelbeinen

→ für Ungeduldige

MOTIVGRÖSSE
ca. 9 cm x 22 cm

MATERIAL
- Sperrholzrest, 6 mm stark
- Sperrholzrest, 1 cm stark
- Bastelfarbe in Elfenbein, Pfirsich, Flieder, Schilf, Weiß, Scharlachrot und Schwarz

VORLAGENBOGEN 4B

- Baumwollkordel in Weiß, ø ca. 1 mm, 36 cm lang (15 cm für die Arme, 16 cm für beide Beine, 5 cm für die Aufhängung)
- Stoffrest, 2 cm x 20 cm
- Bohrer, ø 2 mm und 3 mm

1 Den Haarschopf und das Herz aus dem dünnen, das Schäfchen, die Hände und beide Füße aus dem dicken Sperrholz aussägen. Alles wie abgebildet anmalen, alle Innenlinien ergänzen und die benötigten Bohrungen ausführen.

2 Für das Anbringen der Beine, Hände und der Aufhängekordel werden die Bohrungen seitlich, für die Arme von vorne ausgeführt.

3 Die Kordelstücke für die Beine in die jeweilige Bohrung der Füße stecken und fixieren. Die Kordel für die Arme von hinten durch beide Bohrungen führen und vorne in die jeweilige Bohrung der Hände stecken und fixieren.

4 Haarpracht und Herz ankleben. Die Beine in die entsprechende Bohrung stecken und fixieren. Eine kleine Schlaufe aus der Baumwollkordel in die Bohrung im Kopf kleben. Den Stoffschal umhängen.

Der Frühling ist da!

→ ein Kantenhocker zum Schmunzeln

MOTIVGRÖSSE
ca. 11 cm x 24,5 cm
(ohne Blüte)

MATERIAL
- Sperrholzrest, 6 mm stark
- Sperrholz, 1 cm stark 25 cm x 35 cm
- Bastelfarbe in Antikblau, Orange, Weiß, Pfirsich und Schilf
- Krakelier-Lack
- Bindedraht, ø 0,65 mm und 0,35 mm
- Strohband (evtl. Paketschnur)
- Stoffstreifen, 1,5 cm x 10 cm und 1,5 cm x 18 cm
- Bohrer, ø 2 mm und 3 mm

VORLAGEN-BOGEN 2A

1 Die Blüte und Blütenmitte aus dem dünnen, den Schnabel, das Kopfteil und die Flügel aus dem dicken Sperrholz aussägen. Die Auflagefläche sollte möglichst waagerecht sein.

2 Alle Teile antikblau grundieren. Nach dem Trocknen alles mit Krakelier-Lack (siehe Seite 4) einstreichen, nach weiterer Trockenzeit die einzelnen Teile wie abgebildet bemalen und die Innenlinien ergänzen.

3 Seitliche Löcher in den Kopf und die Flügel bohren. Die zusammengesetzte Blüte erhält von vorne ein Loch. Die Flügel und den Schnabel fixieren, die Haarpracht einkleben. Die Flügel und den Schnabel genau senkrecht aufkleben.
Auf den dicken Bindedraht die Blüte fädeln, den Draht durch die seitliche Bohrung des Flügels stecken und die Drahtenden locken. Zwei mit dünnem Bindedraht verzierte Stoffstreifen schmücken die Gans.

MOTIVGRÖSSE
ca. 7,5 cm x 6 cm
(ohne Fühler)

MATERIAL
- Sperrholzrest, 6 mm stark
- Sperrholzrest, 1 cm stark
- Bastelfarbe in Pfirsich, Schilf, Weiß, Antikblau und Scharlachrot
- Bindedraht, ø 1,4 mm, 0,65 mm und 0,35 mm
- Knopf in Dunkelblau, ø 1,2 cm
- Stoffrest, 1 cm x 15 cm
- Bohrer, ø 1,5 mm

VORLAGEN-BOGEN 2B

Schmucke Schnecke
→ verziert Blumentöpfe

1 Die Nase und das Schneckenhaus aus dem dünnen, die Schnecke aus dem dicken Sperrholz aussägen. Alles wie abgebildet anmalen und die Innenlinien ergänzen. Zwei seitliche Bohrungen für die Fühler bohren. Für die Steckdrähte von hinten zwei ca. 5 mm tiefe Bohrungen vornehmen. Nicht durchbohren!

2 Die Nase und das Gehäuse ankleben. Den mit dünnem Bindedraht verzierten Knopf fixieren, die aus dem mittleren Draht gebogenen Fühler einkleben. Zwei aus dem dicken Draht in L-Form gebogene Bindedrahtstücke von hinten in die Bohrungen stecken und fixieren. Den Stoffstreifen um den Hals binden.

Hasenkörbchen
Anleitung Seite 30

Ich bin der Hahn im Korb!
Anleitung Seite 30

Hasen-
körbchen

→ ein entzückendes Osternest!

MOTIVGRÖSSE
ca. 16 cm x 16 cm

MATERIAL
- Sperrholz, 6 mm stark, 40 cm x 40 cm
- Bastelfarbe in Mittelbraun, Weiß, Pfirsich, Orange und Scharlachrot

VORLAGENBOGEN 4 A

- Bindedraht, ø 1,4 mm, 0,65 mm und 0,35 mm
- Bast in Grün
- Heu
- Bohrer, ø 1,5 mm und 3 mm

1 Die Einzelteile aus dem Sperrholz aussägen, wie abgebildet bemalen und die Innenlinien ergänzen. Alle Bohrungen von vorne ausführen. Für die Barthaare von hinten durch die Schnauze ein u-förmig gebogenes Stück Bindedraht stecken und vorne die Enden kreisförmig umbiegen.

2 Die Nase, beide Arme und Füße fixieren. Die zweite Seite ebenfalls so arbeiten. Beide Hasenteile gegen die Bodenfläche kleben, dazwischen die Seiten fixieren.

3 Die Drahtenden zweier gleich langer Bindedrahtstücke zu Ösen biegen, beide Drahtteile durch eine Drahtspirale verbinden und in Form biegen. Die Drahtspirale dient als Griff und muss daher in der Mitte sein. Den fertigen Korbbügel einhängen.

4 Durch die Bohrungen der Möhren etwas Bast stecken, mit dünnem Bindedraht umwickeln und die Enden locken. Das Körbchen mit Heu auspolstern und die Möhren hineinlegen.

1 Beide Herzen, den Hahnenkamm, den Schnabel und das Kehlläppchen aus dem dünnen, das Huhn, die Flügel, die Seitenteile, die Bodenplatte und die Vorderseite aus dem dicken Sperrholz aussägen. Alle Teile antikblau grundieren, nach dem Trocknen mit Krakelier-Lack einstreichen (siehe Seite 4), nochmals trocknen lassen und wie abgebildet anmalen. Alle Innenlinien ergänzen.

2 Die Herzen und die Flügel von vorne durchbohren und die benötigten restlichen Bohrungen für die Kiste ausführen. Den Hahnenkamm, den Schnabel und das Kehlläppchen ankleben und beide Flügel annageln. Die Kiste zusammenschrauben, die Vorderseite nur von vorne ankleben bzw. anleimen.

3 Beide mit dünnem Bindedraht verzierten Herzen ankleben und dem Huhn ein Stück Stoff als Schal umbinden. Die Kiste mit Heu auspolstern.

Ich bin der Hahn im Korb!

→ schön fürs Frühstücksbüffet

Herzanhänger und Eianhänger

→ für Ungeübte

MOTIVGRÖSSE
ca. 14 cm x 14 cm x 26 cm

MATERIAL
- Sperrholzrest, 6 mm stark
- Sperrholz, 1 cm stark, 30 cm x 45 cm
- Bastelfarbe in Karminrot, Orange, Weiß, Antikblau, Pfirsich und Schilf
- Krakelier-Lack
- Bindedraht, ø 0,35 mm
- 2 Nägel, ø 1,2 mm, 20 mm lang
- 8 Holzschrauben, Senkkopf, 3,5 mm x 25 mm
- Heu
- evtl. Holzleim
- Stoffstreifen, 2,5 cm breit, 28 cm lang
- Bohrer, ø 1,5 mm, 2 mm und 4 mm

VORLAGENBOGEN 3B

MOTIVGRÖSSE
Herz (ohne Aufhängung) ca. 9 cm x 14,5 cm,
Ei (ohne Aufhängung) ca. 9 cm x 11,5 cm

MATERIAL (für beide)
- Sperrholz, 1 cm stark, 25 cm x 20 cm
- Bastelfarbe in Taubenblau und Schilf
- Pinsel, dünn
- Bindedraht, ø 0,65 mm und 1,4 mm
- Trockenblumen
- Serviettenkleber
- Satinband in Hellgrün, 3 mm breit, 70 cm lang (pro Anhänger)
- Satinband in Dunkelblau, 3 mm breit, 66 cm lang (für das Ei)
- Satinband in Dunkelgrün, 3 mm breit, 66 cm lang (für das Herz)
- Bohrer, ø 1,5 mm und 3 mm

VORLAGENBOGEN 2A

1 Das Herz und das Ei aussägen. Nach dem Abschleifen die Motive durchsägen. Die Bohrungen von vorne ausführen. Die Teile anmalen und nach dem Trocknen mit Trockenblumen verzieren. Dazu die entsprechenden Stellen mit Serviettenkleber bestreichen, vorsichtig die Blüten platzieren und noch einmal mit Serviettenkleber fixieren.

2 Die Einzelteile zusammendrahten. Dazu von hinten u-förmig gebogene dünne Bindedrahtstücke durch die entsprechenden Löcher stecken, vorne etwas verzwirbeln und die Drahtenden locken.

3 Das Ei und das Herz an die gebogenen Aufhängedrähte hängen und hinter den Motiven Satinschlaufen durch die Drahtösen ziehen.

31

Herz-anhänger und Ei-anhänger
Anleitung Seite 31

DIESES BUCH ENTHÄLT 4 VORLAGENBOGEN

IMPRESSUM

FOTOS: frechverlag GmbH, 70499 Stuttgart; Fotostudio Ullrich & Co., Renningen
DRUCK: frechdruck GmbH, 70499 Stuttgart

Materialangaben und Arbeitshinweise in diesem Buch wurden von der Autorin und den Mitarbeitern des Verlags sorgfältig geprüft. Eine Garantie wird jedoch nicht übernommen. Autorin und Verlag können für eventuell auftretende Fehler oder Schäden nicht haftbar gemacht werden. Das Werk und die darin gezeigten Modelle sind urheberrechtlich geschützt. Die Vervielfältigung und Verbreitung ist, außer für private, nicht kommerzielle Zwecke, untersagt und wird zivil- und strafrechtlich verfolgt. Dies gilt insbesondere für eine Verbreitung des Werkes durch Fotokopien, Film, Funk und Fernsehen, elektronische Medien und Internet sowie für eine gewerbliche Nutzung der gezeigten Modelle. Bei Verwendung im Unterricht und in Kursen ist auf dieses Buch hinzuweisen.

Auflage:	5.	4.	3.	2.	1.	
Jahr:	2007	2006	2005	2004	2003	[Letzte Zahlen maßgebend]

© 2003 **frechverlag** GmbH, 70499 Stuttgart

ISBN 3-7724-3215-8
Best.-Nr. 3215